全国中等职业技术学校汽车类专业教材

汽车营销习题册

人力资源和社会保障部教材办公室组织编写

中国劳动社会保障出版社

图书在版编目(CIP)数据

汽车营销习题册/徐斌主编. —北京：中国劳动社会保障出版社，2015
全国中等职业技术学校汽车类专业教材
ISBN 978－7－5167－1705－9

Ⅰ.①汽…　Ⅱ.①徐…　Ⅲ.①汽车-市场营销学-中等专业学校-习题集　Ⅳ.①F766－44

中国版本图书馆 CIP 数据核字(2015)第 061353 号

中国劳动社会保障出版社出版发行
（北京市惠新东街 1 号　邮政编码：100029）

*

北京昌联印刷有限公司印刷装订　　新华书店经销
787 毫米×1092 毫米　16 开本　4.25 印张　99 千字
2015 年 4 月第 1 版　　2025 年 11 月第 15 次印刷
定价：8.00 元

营销中心电话：400－606－6496
出版社网址：http://www.class.com.cn
　　　　　　http://jg.class.com.cn

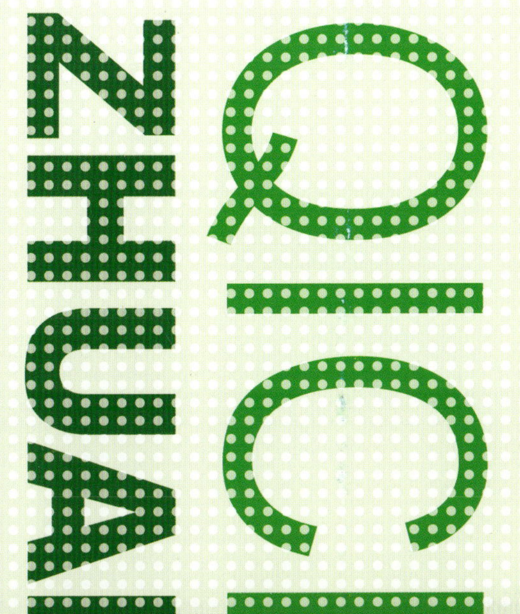

全国中等职业技术学校汽车类专业教材

汽车营销

习题册

QUANGUO ZHONGDENG
ZHIYE JISHU XUEXIAO
QICHELEI ZHUANYE JIAOCAI

中国劳动社会保障出版社

目　录

第一章　汽车营销基础

§1—1　市场营销与汽车市场营销

一、填空题（将正确答案填写在横线上）

1. 市场是________和________聚集在一起进行____________的场所，是____________和______________的必然产物。

2. 汽车市场是指将汽车____________________的场所，是汽车的________、________和_________组成的一个有机整体。

3. 美国西北大学教授菲利普·科特勒将市场营销表述为：“个人和集体通过______________和________，并同________________，以获得________________的一种社会活动和管理过程。”

4. 汽车市场营销主要研究汽车企业如何在________的市场中根据消费者的动态需求有效地生产产品和管理其汽车产品的______________和______________，以达到提高经营效果，实现企业________________的战略目标。

5. 汽车市场营销观念是随着汽车市场的形成而产生的，它的发展大致经历了______个阶段，即______________、______________、______________、________________和________________。

6. 根据社会营销观念，在进行市场营销决策时，企业不仅要考虑到________________，还要兼顾________________和______________，三者利益要达到__________________。

二、判断题（对的打“√”，错的打“×”）

1. 按照消费主体的身份及其购买目的不同，市场可以分为消费者市场、生产者市场、中间商市场、政府市场、国际市场。（　　）

2. 汽车市场里交易的商品只能是新车。（　　）

3. 通过互联网销售汽车不属于汽车市场的销售形式。（　　）

4. 市场营销是一种从市场需求出发的管理过程，它的核心思想是交换。（　　）

5. 产品观念支配下的企业总以为自己所生产的就是消费者所需要的。（　　）

三、选择题

1. 市场分为有形产品市场和无形产品市场，是按照________的标准划分的。

A. 地理位置　　B. 流通环节

C. 消费客体性质不同　　D. 商品用途

2. 通过互联网销售汽车是目前常见的一种形式，最先应用网上售车经营模式的是________公司。

A. 美国　　B. 日本　　C. 英国　　D. 中国

3. 4P 营销理论产生于 20 世纪________的美国，是随着营销组合理论的提出而出现的。

A. 50 年代　　B. 60 年代　　C. 70 年代　　D. 80 年代

4. ________观念以满足客户需求为出发点，即“客户需要什么，就生产什么”。

A. 生产　　B. 产品　　C. 推销　　D. 市场营销

四、名词解释

1. 市场

2. 市场营销

3. 差异化营销

4. 汽车市场营销

五、简答题

1. 什么是汽车市场？汽车市场可以分为几种类型？

2．市场营销观念与推销观念是两种不同的观念，其区别是什么？

§1—2　我国汽车市场营销的现状及趋势

一、填空题（将正确答案填写在横线上）

1．我国汽车市场的建立与发展是与我国汽车工业的发展相对应的，____________以后，我国汽车工业的产销系统由____________的状态转为____________的系统，汽车生产的____________取代了____________。

2．我国汽车市场的形成过程大体可以分为如下三个阶段：（1）____________，（2）____________，（3）____________。

3．随着汽车产业的发展，近几年集____________、____________、____________、信息反馈于一体的汽车4S店销售模式在我国如雨后春笋般地出现。

4．目前，汽车销售市场都是由买方所占据，消费者对于购买行为____________，这就要求营销人员既要____________，又要____________。

二、判断题（对的打“√”，错的打“×”）

1．我国汽车市场诞生阶段的特点是正面触及旧体制的根基——计划分配体制，大规模缩减指令性计划，大面积、深层次地引入市场机制，为形成汽车市场创造了条件。（　　）

2．汽车的拥有量反映出汽车市场的需求状况，可以作为汽车市场供给的指标；而汽车的产量则可以反映出汽车市场的供给量，可以作为汽车市场需求的指标。（　　）

3．汽车消费结构从以公车消费为主转变为以私车消费为主，汽车市场也从供不应求到供过于求，我国的汽车市场已经由买方市场转变为卖方市场，使汽车交易和消费行为趋于理性化。（　　）

4．1998年，通用、本田等公司在国内建立了品牌专卖的模式，标志着汽车现代市场营销观念进入中国，中国汽车销售体系发生了改变，可以按照国际上通行的原则和模式自行建立产品销售系统和售后服务系统。（　　）

三、简答题

1．我国汽车市场的特点有哪些？

2．我国汽车市场营销存在的问题有哪些？

3．我国汽车市场营销的发展趋势是什么？

§1—3　汽车营销人员的能力要求

一、填空题（将正确答案填写在横线上）

1．销售商品活动包括________、________、________、________、________及________、________、________等。

2．沟通关系的有效步骤：________；________；________；________；________。

3．销售员所提供的服务包括________、____________、__________。

4．____________是汽车销售过程中的主体，是连接____________的桥梁和纽带，既要对________负责，又要对________负责。

5．售后服务主要包括____________、__________、__________、人员培训、________、______________以及各种保证或许诺的兑现等。

6．商务礼仪的基本原则主要有__________、__________、__________、__________、__________。

7．尊他主要是________、________、________、________。

8．在商品经济发达的今天，销售技术是____________的技术，而不是______________的技术。

9．仪态包括人的________、________、________、________和__________的各种日常行为动作。

10．与多人握手时，遵循________、________、________的原则。

11．汽车营销员拨打电话的八个步骤：________、________、__________、____________、____________、____________、__________、__________。

12．在商务活动中，鞠躬礼一般有__________、__________、__________。

13．适宜的汽车营销礼仪，不仅能够帮助__________树立良好的个人职业形象，还能帮助________树立优秀的组织形象。

14．走姿：__________，__________，肩平，挺胸收腹，__________并以身体为中心前后摆动，幅度为__________，__________，__________，__________。

15．表情指人的__________，包括________和________，通过面部动作和脸色变化表达出人的____________。

16．汽车营销员的职业能力主要指________、________、________三个方面。

17．汽车营销员需具备的基本能力主要指__________、________、________、__________、__________、________、________、__________。

18．销售员只有具备敏锐的观察力，才能更好地了解__________，才能更好地寻找客户，掌握________的行为特征，进而开展有效的__________。

19．在销售商品的过程中，要重视对客户________的考虑，而不要把说服重点放在__________上。

二、判断题（对的打“√”，错的打“×”）

1．在客户面前销售员就是企业，客户是通过销售员了解、认识企业的。（　　）

2．“一切以服务为宗旨”是现代销售活动的出发点和立足点。（　　）

3．建立良好的企业形象，也就建立了良好的商品形象，而良好的商品形象是销售活动顺利进行的物质基础。（　　）

4．企业在市场竞争中能否取得有利地位，在很大程度上取决于信息的获得程度。（　　）

5．自尊就是自尊自爱，爱护自己的形象，不让别人小看自己。（　　）

6. 微笑是一种世界通用语言。（　　）

7. 外单位来访时，先介绍别家公司的客户给自己公司的同事。（　　）

8. 接受他人的名片时，双手捧接，或以右手接过；接过名片后，从头到尾认真默读一遍，然后放在裤子口袋或钱夹里。（　　）

9. 引路时要站在客户的左前侧半米至一米处，与他们保持45°，面带微笑为其引路。（　　）

10. 给客户送茶水或饮料时，应左手握杯，右手托杯加以保护，手指不要碰触杯口或者是客人握柄的地方，茶杯要拿稳轻放在桌面上，最好放在客人左手前方便于取到的地方。（　　）

11. 有驾驶执照，熟悉汽车驾驶是汽车营销员应具备的基本能力。（　　）

12. 交往能力是人们为了某种目的而运用语言或非语言方式相互交换信息，实现人际交往的能力。（　　）

13. 汽车营销员的职业能力主要指专业能力、销售能力、销售技巧三个方面。（　　）

14. 销售人员熟练地演示所销售的产品，能够吸引客户的注意力，使他们对产品产生直接兴趣，这是一种“活广告”。（　　）

三、选择题

1. ________，能否保持和是否重视客户的联系，是关系销售活动能否持续发展的关键。

A. 销售成交后　B. 销售前　C. 销售过程中　D. 预约时

2. 营销员应自觉地当好企业耳目，在走访客户、销售商品、为客户服务的同时，有意识地了解、收集________。

A. 客户信息　B. 企业信息　C. 汽车信息　D. 市场信息

3. 女营销人员按岗位规定着________，忌着过于杂乱、鲜艳、暴露、透视、紧身的服装。

A. 西装　B. 休闲装　C. 时装　D. 工作装

4. 汽车营销人员迎接客户一般行________鞠躬礼。

A. 15°　B. 30°　C. 45°　D. 90°

5. 和单个客户洽谈时，一般安排客户在左手的位置上，然后坐在客户的________，便于讲解。

A. 右前方　B. 左前方　C. 前方　D. 正前方

6. 一位营销员有得体的仪表、高雅的风度，彬彬有礼、落落大方的举止，是成功销售的________。

A. 前提条件　B. 必备条件　C. 次要条件　D. 首要条件

7. 思维的________，能从不同角度看问题，即立体思维、多路思维。

A. 独立性　B. 深刻性　C. 敏捷性　D. 全面性

8. 营销员要说服客户，不仅需要有较好的________，更重要的是要掌握正确的原则。

A. 说话艺术　B. 能言善辩　C. 表达能力　D. 能说会道

9. 在销售活动中，________必须随客户的改变而改变，没有一种方法对客户是绝对有效的。

A. 销售途径　B. 销售方法　C. 销售手段　D. 销售渠道

四、名词解释

1. 汽车营销员的职责

2. 商务礼仪

3. 汽车营销礼仪

4. 仪态

5. 汽车销售活动

6. 汽车营销员的能力

7. 交往能力

8. 核算能力

9. 记忆能力

五、简答题

1. 对企业与客户而言，汽车营销员的主要作用是什么？

2. 沟通关系的有效步骤有哪些？

3. 在社交场合的目光注视区域有几种？注视范围有哪些要求？

4. 汽车营销人员应如何指引客户参观展销车位？

5. 汽车营销人员如何递送名片？

6. 汽车营销人员握手时需要注意哪些问题？

7. 汽车营销员要具备哪些职业能力？

8. 一个优秀的汽车营销员除需具备必要的职业能力外，还要具备哪些基本能力？

第二章　汽车市场分析

§2—1　汽车营销环境及汽车消费者购买行为分析

一、填空题（将正确答案填写在横线上）

1．汽车市场营销宏观环境是指为企业营销活动带来市场机会和环境威胁的主要社会力量与因素，包括________、______________、__________、_________、________等。

2．经济环境指能够影响客户购买力和消费方式的经济因素，包括________________、______________、______________、______________等。

3．个人可支配的收入指个人收入中扣除____________和____________后的余额。

4．汽车市场微观环境指与企业关系密切、能够影响企业服务客户的各种因素，包括______________、___________、____________、__________、____________和__________。

5．企业的内部环境指企业的类型、__________、组织机构及____________等因素。

6．营销中间商指协助汽车企业从事市场营销的组织，包括__________、______________、________________和________________等。

7．中间商是销售渠道公司，能帮助公司找到客户或把产品售卖出去。中间商包括____________和______________。

8．消费者购买汽车产品的动机主要有___________、______________、__________、____________、____________和____________等。

9．美国心理学家马斯洛将人类的需要按其重要性分为五个层次，即______________、__________、__________、____________和____________。

10．汽车的购买用途一般包括____________、____________、____________等。

二、简答题

1．什么是企业的营销环境？

2. 以我国为例，依据购买力将汽车消费者分为哪些阶层？

3. 汽车购买的决策过程分为哪几个阶段？

三、案例分析

请仔细阅读下面的案例，写出汽车市场宏观环境对汽车产品及汽车销售的影响。

2013 年汽车相关政策

1. 新交规

援引媒体报道，自新交规实施以来，全国严重交通违法行为大幅减少。据统计，各地公安交管部门共查处违反交通信号灯指示通行 137.1 万起，查处超速 50% 以上交通违法行为 28.5 万起，同比分别下降 40% 和 32.5%；查处故意遮挡机动车号牌 1.4 万起，故意污损机动车号牌 8 527 起，不按规定安装号牌 2.2 万起，同比下降 71.5%、27.2% 和 10.1%。北京查处故意遮挡、污损、不按规定安装机动车号牌的违法行为同比下降 84%。

2. 召回条例

2013 年 1 月 1 日不仅是元旦佳节，对于广大汽车消费者来说也是个“千载难逢”的好日子。历经近十年酝酿的《缺陷汽车产品召回管理条例》（以下简称《条例》）将从元旦起正式实施，这也就意味着，将 2004 年国家质检总局等四部门发布的《缺陷汽车产品召回管理规定》上升为“条例”，具有强制执行力。此后汽车厂商若存在隐瞒缺陷或拒不召回等行为，罚款数目可高达千万。

可以说，该《条例》是我国突破缺陷汽车召回立法层级低的限制，促进召回制度有效实施的重要举措。看过《条例》全文后就会发现，条例内容从监管范围、监管力度、威慑力方面都进行升级，在保护消费者、监管汽车厂商的力度上也明显加强。

《条例》发布前后，我国汽车企业一改以往“固执”形象，纷纷加大产品检测和召回力度，甚至在 2012 年收官时出现扎堆召回现象。自 2012 年 10 月 10 日国务院审议通过了《条例》，有包括一汽丰田、马自达、郑州宇通、上汽乘用车、吉利、上海通用、斯巴鲁、奔驰、捷豹路虎、福田等多家企业实施近15起召回，共计召回汽车近60万辆。

这样一来，对于车主来说，《条例》实施后，一些车型出现成批次问题的情况下，就很可能会被召回处理。也就因为这样，此前一些难以维权的问题会有更多的解决途径。但在另一层面上，厂家召回后所做的技术处理能否从本质解决问题也是个未知数，所以《条例》是一剂“良药”，同时车企提高技术水平更是“药”之根本。

3. 汽车“三包”

历时8年多的汽车“三包”立法有了新进展。2012年6月27日，国家质量监督检验检疫总局局务会议审议通过《家用汽车产品修理、更换、退货责任规定》；2013年1月15日国家质检总局对外正式公布了其内容，并决定将于2013年10月1日起正式实施。

虽然“三包”中还有许多问题需要细化，譬如如何解决“鉴定难”问题，第三方机构的公正性和技术手段能否达到准确检验和判定的相应高度问题等，都是“三包”能否顺利实施的关键。

尽管如此，对消费者来说，“三包”也是一件大好事，至少出台的“三包”规定是以维护消费者合法权益为前提制定的。汽车“三包”明确了责任主体是销售者，也就是说，消费者有任何问题可以直接与经销商协商，过去经销商和厂商之间“踢皮球”的现象不会再存在。

4. 私家车报废

2013年5月1日起，《机动车强制报废标准规定》将正式实施。取消了小、微型非营运载客汽车的使用年限限制，并把累计行驶里程调整为引导报废的参考指标。私家车报废没有使用年限的限制，而是注明报废行驶里程参考最大值为60万公里。也就是说，只要汽车年检过关，可以一直开到60万公里才报废。

有评论称，地球的赤道才4万公里，60万公里相当于要围绕赤道跑15圈。消息一出，众车主纷纷叫好，并称就算把汽车开烂，也开不够报废里程。

但这60万公里也设置了一些限定。譬如年审方面，对已注册机动车检验有效期届满后连续3个机动车检验周期内，未取得机动车检验合格标志的话，也将强制报废。

据悉，现在还有不少车辆在系统里超过三年没有参加年检，这些车主必须在2013年5月1日前去检验机构进行车检，否则就会强制报废。此外，逾期未年检，车主还将面临罚款200元，驾驶证记3分的处罚。

商务部相关负责人表示，新规对二手车流通是个利好。经分析，排除了使用年限的影响，二手车的交易价格将更接近车辆的真实价值，从而推动交易量上升。对于二手车和汽车维修市场，新规影响较大。反而对于车主而言，并没有太多改变，按里程也好，按年限也罢，能对一辆车从一而终、一直到报废的车主少之又少。

5. 国五排放标准

近日，环境保护部就《轻型汽车污染物排放限值及测量方法（中国第五阶段）》（以下简称《轻型车国五标准》），向全社会第二次公开征求意见，这意味着国五标准进入到正式公布的最后阶段。特别值得一提的是，实施时间改为视满足《轻型车国五标准》的燃油供应情况而定。

根据北京市现阶段大气污染防治工作的要求，经国务院批准，从2013年2月1日起，北京作为国内首个具备国五标准燃油的城市，执行相当于“欧五”的“京五”机动车排放标准，3 月 1 日起停止销售注册不符合“京五”标准的轻型汽油车。

目前，北京市机动车保有量已达 520 万辆，预计到 2015 年将达 600 万辆。实施京五标准后，轻型汽油车、重型柴油车单车氮氧化物排放与国四相比均将下降 40% 左右。

汽车技术专家分析，排放标准由国四提升到京五，完全不同于国三提升到国四，几乎称得上技术革新，但自主品牌并不掌握发动机电子控制单元的核心技术，进一步升级京五标准（相当于国五标准）非常困难。

此外，随着京五标准的实施，从 3 月 1 日起，北京将停止销售、注册不符合标准的轻型汽油车，但二手车转让交易不受影响，国四、国三车辆仍可交易，只有外地转入北京的汽车在注册时要求必须符合京五标准。

6. 限购限牌蔓延

全国二线城市中小汽车保有量超过百万的城市不下数十个，如杭州、重庆等，其迫于城市发展与环境负担之下，采取限购恐怕只是时间的问题。此外，还有媒体报道，深圳、杭州等城市已经在议论相关限购限行的规定。如此看来，限购限行很可能成为一线城市引导、波及全国的大趋势。而限购政策的实施带来的直接结果就是对车辆销量的影响。

统计数据显示，以北京为例，奇瑞、比亚迪、吉利等 12 家主流自主品牌（不含微车）2010 年在京销量约为 11.8 万辆，到 2011 年骤降为约 4.1 万辆，而在 2012 年前 5 月，这一数字已跌至约 2.6 万辆。

全国乘联会副秘书长崔东树表示，北上广等一线城市限购无疑会打击市场信心，而受冲击最大的就是自主品牌。据他估算，限购以来，自主品牌在北上广深等城市的销量占其总销量的比重已由限购之前的 30% 降为 10% 左右。

2013 年车市限购政策还将持续，对于车主来说，受到已经实施限购政策的城市影响，有买车计划的车主很可能提前数年实现购车计划，而可买可不买的车主也很可能改变踌躇态度，尽快入手。在限购的问题上，很多专家表示，宜疏不宜堵，堵只能缓解眼下，但并不能从根本上解决任何问题。

1. 分析新交规对于汽车营销的影响。

2. 分析汽车召回制度对汽车营销的影响。

3. 分析汽车“三包”制度对汽车营销的影响。

4. 分析《机动车强制报废标准规定》对于汽车营销的影响。

5. 分析国五排放标准对于汽车营销的影响。

6. 分析汽车限购对于汽车营销的影响。

§2—2 汽车市场营销调研

一、填空题（将正确答案填写在横线上）

1. 通过市场调研，企业可以及时掌握竞争对手的动态，针对竞争对手的策略对营销工作进行调整和改进，做到“____________，____________”。

2. 市场调查的内容主要有________、________、________。

3. 消费者的情况主要包括________、________、________和________等。

4. 对消费结构的调查包括以下几部分：________、________、________、________。

5. 潜在市场的调查渠道是________、________、________、________等。

6. 汽车产品调查包括________、________的调查。

7. 促销调查的内容包括________、________、________、________。

8. 市场营销调查按调查对象的范围不同，可以分为________、________和________三种。

9. 市场调查的方法很多，常用的主要有________、________、________、________等。

10. 按调查者与被调查者之间的接触方式不同，询问法可分________、________、________、________、________五种形式。

11. 市场调查一般可分为三个阶段，即________、________和________。

12. 调查报告应包括以下四项内容：________、________、________、________。

二、简答题

1. 什么是汽车市场营销调查？

2. 对主要竞争对手进行的调查应包括哪些方面？

3．简述调查问卷的构成。

4．列举调查问卷的设计方法。

三、案例分析

请以消费者的角度填写下面的调查问卷，并对每道题目进行分析讨论，说出这道题对于汽车销售的意义。

1．您的年龄是（　　）。

A．18 岁以下　　B．18～30 岁　　C．30～40 岁　　D．40 岁以上

2．您是否拥有自己的汽车？（　　）

A．是　　B．否

3．您的月收入为（　　）。

A．2 000 元以下　　B．2 000～4 000 元

C．4 000～6 000 元　　D．6 000 元以上

4．您一般通过何种方式了解汽车的相关信息？（　　）（可多选）

A．广告　　B．网络　　C．报纸杂志　　D．朋友介绍

E．其他，如：__________

5．您若更换汽车，原因是（　　）。（可多选）

A．样式陈旧　　B．外观问题　　C．质量问题　　D．功能太少

E．其他，如：__________

6．您会选择哪一类型的汽车？（　　）

A．微型轿车　　B．轻级轿车　　C．中级轿车　　D．中高级轿车

E．高级轿车　　F．其他，如：__________

7．如果您更换汽车，预期价位是（　　）。

A．10 万元以下　　B．10 万～20 万元

C．20 万～35 万元　　D．35 万元以上

8. 您一般会选择（　　）。

A. 国际名车　　B. 国产轿车　　C. 进口汽车　　D. 随意

9. 您最喜欢的国内汽车品牌是（　　）。

A. 大众汽车　　B. 通用汽车　　C. 丰田汽车　　D. 本田汽车

E. 北京现代　　F. 其他，如：__________

10. 您在选购汽车的时候，注重的元素为（　　）。(可多选)

A. 型号　　B. 颜色　　C. 造型　　D. 功能

E. 品牌　　F. 其他，如：__________

11. 国产汽车现有的性能上有哪些方面需要改进？（　　）（可多选）

A. 舒适性　　B. 速度　　C. 造型和色彩　　D. 耗油量

E. 其他，如：__________

消费者个人信息调查

1. 请问您的教育程度为（　　）。

A. 没受过正规教育　　B. 小学或初中

C. 高中、职高、中专、技校　　D. 大专、大学及以上

2. 请问您的职业和职位是（　　）。

A. 普通职员；工人　　B. 部门经理；高级管理人员

C. 公司老板；厂长，总经理　　D. 专业人员

E. 个体户；自营职业　　F. 失业，待业

G. 学生　　H. 离退休人员

I. 其他，如：__________

3. 您对这次调查有何建议？

§2—3　汽车市场营销预测

一、填空题（将正确答案填写在横线上）

1. 销售量预测是在市场需求预测和市场占有率预测的基础上，对今后一定时期内销售水平的具体测算。其计算公式为________________________。

2. 汽车市场预测方法主要有______________、______________。

3. 定性预测法主要有______________、______________、______________和______________。

4. 常用的专家意见法有______________和______________。

二、简答题

1. 汽车市场预测的内容包括哪些？

2. 什么是市场占有率？

3. 汽车市场预测的步骤有哪些？

第三章　汽车营销策略

§3—1　汽车营销品牌策略

一、填空题（将正确答案填写在横线上）

1. 汽车品牌种类可以按照____________进行划分，但在汽车销售市场上一般都以汽车________________进行分类。

2. 源自美国的汽车品牌“通用”的包括______________________；“福特”的包括______________________；“克莱斯勒”的包括________________________。

3. 源自欧洲的汽车品牌包括____。

4. 源自日韩的汽车品牌包括____。

5. 市场细分的变量有________、__________、_________、_________。

6. 行为变量是反映消费者购买行为特点的变量，包括___________、____________、___________、____________、________________、________________和____________等。

7. 在我国进行汽车销售，运用地理变量，最简单的是根据通用的行政区域划分，将市场分为_________、_________、_________、_________、_________，或者根据经济发展水平划分为___________、___________、___________等，根据不同的地理因素，采取不同的营销方案。

8. 对汽车市场营销来说，________是进行市场细分必须考虑的因素。

9. 心理变量中的偏好指____________________________________。

10. 不同消费者对产品品牌的忠实程度是不同的，根据消费者的忠实程度，可以将消费者分为四类：___________、____________、____________、_____________。其中，___________始终只购买某一类品牌的产品，企业应投其所好，巩固其忠诚程度。

11. 市场定位战略包括______________、______________、______________和______________。

12. 服务差别化主要体现在__________、__________、__________、__________和其他多种服务上。

13. 当产品性能超过一定界限后，由于__________的影响，愿意购买的人会越来越少，利润反而会_________。

14. 产品特色是对产品的__________的某些增补。

15. ________是受品牌影响很大的一种商品；___________本身就可以看作是汽车生产厂的标志；_____________是产品定位，甚至是企业定位的体现。

二、名词解释

1. 汽车品牌

2. 品牌名称

3. 品牌标志

4. 市场细分

5. 市场细分变量

6. 人口变量细分

7. 市场定位

8．产品差别化战略

9．服务差别化战略

10．形象差别化战略

三、简答题

1．看品牌标志，写出品牌名称。

日系：

美系：

德系：

国内合资：

自主品牌：

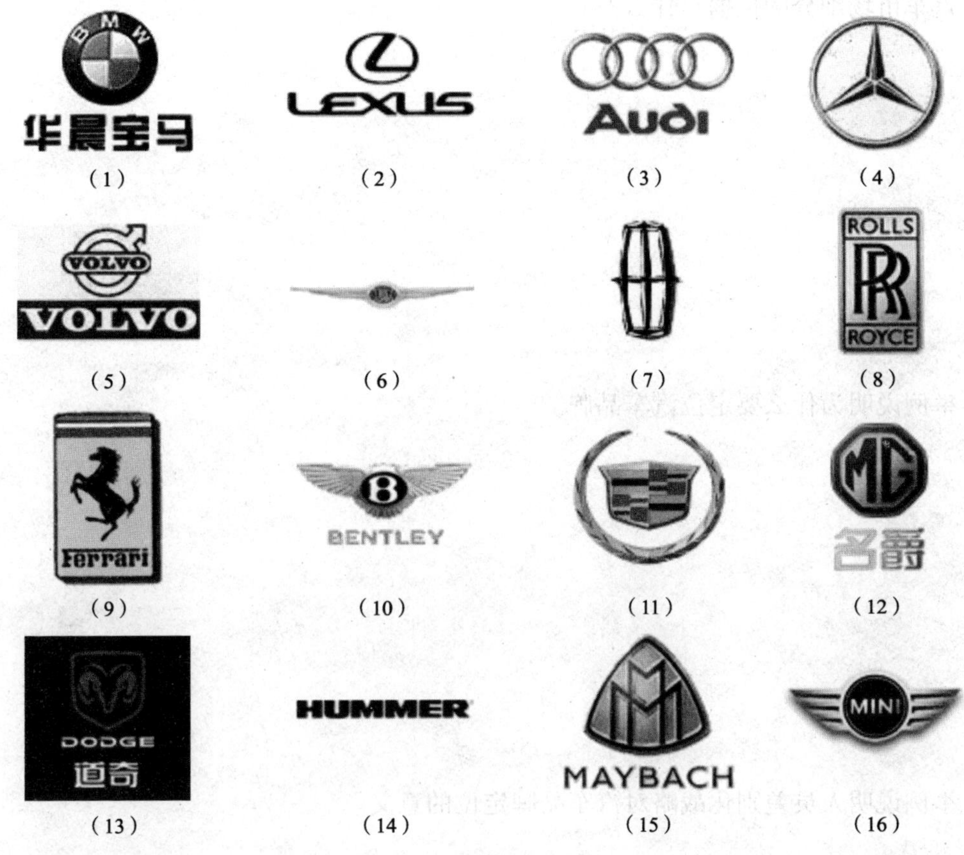

2．行为变量可以分为哪几类？各有什么特点？

3．试述心理变量在汽车营销中的运用。

4．汽车市场细分的依据是什么？

5．举例说明为什么要定位汽车品牌。

6．举例说明人员差别化战略对汽车品牌定位的意义。

四、实训题

1．每个品牌标志都有其背后的含义，有其代表的特定意义。请查阅资料，简述下面几个品牌标志所表达的含义。

(1)

(2)

(3)

凯迪拉克 CADILLAC

(4)

莲花 LOTUS

(5)

雷诺

2. 课题：设计某汽车产品在某一区域的市场细分方案

百公里耗油仅 2 L 的比亚迪·秦将于 2013 年 10 月上市

国内媒体报道，比亚迪副总经理李云飞透露，比亚迪·秦量产版将于 2013 年 10 月份正式上市。从工信部的油耗测试来看，该车在油电混合状态下百公里油耗为 2 L。

外观方面，比亚迪·秦前脸非常犀利，中网镀铬装饰条虽然精简，但与黑色格栅搭配起来视觉感较为出众。此外，在大灯方面，新车还配备 LED 日间行车灯，而大灯造型在装饰条的包裹下更显突出。其他方面，比亚迪·秦尾部造型则略显平庸，类似“C”状的尾灯造型虽然惊艳，但中央部位连接两侧尾灯的红色区域却略显怪异。

动力系统方面，比亚迪·秦搭载一台 1.5 T 发动机，并采用第二代 DM 双模技术，可以在纯电动和混动两种模式之间切换，联合后最大输出功率可达 303 马力。传动系统方面，与之匹配的是一台 DCT 双离合变速箱，该车在 0 ~ 100 km/h 加速时间仅为 5.9 s。另外在纯电动模式下，该车续航里程为 50 km。

（1）目的

1）学会对产品进行市场营销环境分析。

2）应用市场细分原理及细分方法制定区域市场细分方案。

（2）设计指导

1）市场分析：分析此款汽车产品所在市场营销环境

①设定购买此款汽车产品的消费者

②某一区域此款汽车产品的营销情况分析（没有竞争对手、竞争对手竞争能力弱、竞争对手竞争能力强）

③此款汽车产品生产企业竞争能力分析

2）细分市场

①确定消费者群

②确定细分方式

（3）细分市场的营销业绩

总结：细分市场有效性——营销实绩

五、案例分析

别克汽车的产品策略

通用汽车刚进入中国时，中国轿车各细分市场已形成竞争的格局：以夏利为代表的经济型轿车占据了中国轿车的低端市场，桑塔纳、捷达和雪铁龙富康是中档车市场的霸主，中高档轿车市场则以进口车为主。根据这一市场情况，通用决定将其目标市场定位于高档市场，向中国市场推出其成熟的别克车型。上市的第一年推出了当时在中国市场生产的最高档的三款轿车：别克新世纪、GLX 和 GL，率先在市场上赢得了主动。2000 年，上海通用分别推出具有驾驶乐趣的别克 CS 和中国第一辆多功能公务车别克 GL8，紧接着又针对 20 多万元的市场推出排量比较小的别克 G，形成从 20 多万元到 30 多万元这样一个梯级排列的产品线。随着别克在中国的成功，竞争者也纷纷瞄准高档车这一潜力巨大的市场：一汽大众和广州本田先后从德国大众和日本本田引进了与别克同一级的奥迪 A6 和本田雅阁，其中奥迪 A6 更是占据国产顶级轿车的翘楚；本田雅阁则是当今最畅销的车型，全球销量超过 800 万辆；上海大众从德国大众集团引进更先进的、在国际上屡次获得大奖的帕萨特 B5。这样，高档车市场竞争开始白热化，在 25 万 ~45 万元这一级的市场上就有了奥迪 A6、别克系列、本田雅阁和帕萨特四大品牌，别克系列轿车受到来自一汽大众、上汽大众和广州本田的严峻挑战。为迎接市场的挑战，上海通用又对市场进行了分析：经济型轿车虽然价格便宜，但给消费者的印象是低质低价，缺乏一种具有竞争力的车型，市场上还没有一款完全意义上的进口轿车。经过了近两年的市场运作和品牌传播，别克轿车在中国已经有了很高的知名度和认知度。鉴于此，上海通用决定将产品线向低端延伸。通用将在海外市场上的一款欧宝车引进中国，取名赛欧，俗称小别克。别克赛欧推出后，凭借着别克强大的品牌效应和 10 万元轿车的卖点，在中国轿车市场引起了轰动。2001 年，上海通用又针对中国家庭市场推出赛欧的家庭版——赛欧 SRV，将一种全新的汽车消费观念带给中国普通的消费者。2002 年的产销量达到 5 万辆，成为这一市场的领头羊。通用根据中国市场的变化适时地推出相应的新产品，填补国内某个市场的空白，并保持每年推出一款新车的新产品策略。进入中国市场仅三年的通用汽车，经营业绩却令人惊讶：目前已经形成别克系列、多功能商务车——陆地公务舱和赛欧系列三大系列的车型；产品线覆盖了 10 万元左右到 30 多万元的各个级别；多功能公务车更是在市场上占据绝对优势；市场占有率从 1999 年的 3%，排名第七，上升至 2002 年超过 10%，成为仅次于上海大众、一汽大众之后的第三轿车生产集团。

1. 刚进入中国市场时，通用汽车为什么进行这样的产品定位？

2. 通用汽车采用何种策略调整其产品组合？

3. 通用汽车产品策略的特点是什么？

§3—2　汽车营销价格策略

一、填空题（将正确答案填写在横线上）

1. 汽车定价的基本方法有________、________、________、________。

2. 汽车新产品定价的基本策略有________、________、________、________。

3. 汽车产品生命周期的阶段包括________、________、________、________。

4. 在汽车产品生命周期的不同阶段，汽车定价有三个要素，分别是________、________、________。

5. 撇脂定价与渗透定价均适合于产品生命周期的________阶段。

6. 汽车产品的定价基础是________。

二、判断题（对的打“√”，错的打“×”）

1. 时间折扣有两层含义，一是季节折扣，二是时段折扣。（　　）

2. 根据消费者对汽车价值的理解和需求的差别来定价的方法叫作竞争导向定价法。（　　）

3. 竞争导向定价法包括随行就市定价法和需求差异定价法。（　　）

4. 随行就市定价法属于成本导向定价。（　　）

5. 客户对产品的降价既可能理解为这种产品有某些缺点，也可能认为这种产品很有价值。（　　）

6. 在制定价格时，并不仅仅限于经济学原理的应用，还要考虑客户的心理因素。（　　）

7. 新产品上市，价格策略运用是否恰当，将决定着汽车产品在今后能否有广阔的市场前景，能否给企业带来稳定的利润，同时也决定着企业的市场竞争能力。（　　）

三、选择题

1. 美国通用汽车公司常使用这种定价法，把汽车价格定得能使它的投资取得 15% ~ 20% 的利润，其所用的定价方法是________。

A. 认知价值定价法　　B. 目标利润定价法

C. 随行就市定价法　　D. 投标定价法

2. 在企业定价策略中，撇脂定价和渗透定价属于________。

A. 心理定价策略　　B. 新产品定价策略

C. 折扣定价策略　　D. 系列定价策略

3. 以下________是成本导向定价法。

A. 成本加成定价法　　B. 认知价值定价法

C. 目标利润定价法　　　　D. 投标定价法

4. 基于竞争的定价法有________。

A. 目标利润定价法　　　　B. 投标定价法

C. 随行就市定价法　　　　D. 需求差异定价法

5. 为鼓励客户购买更多物品，企业给那些大量购买产品的客户的一种减价称为________。

A. 功能折扣　B. 数量折扣　C. 季节折扣　D. 现金折扣

6. 以高于价值的价格将新产品推入市场，然后再降价，这种新产品定价策略属于________。

A. 撇脂定价　B. 渗透定价　C. 温和定价　D. 满意定价

7. 折扣定价的主要类型有________。

A. 现金折扣　B. 价格折让　C. 数量折扣　D. 季节折扣

8. 影响汽车产品价格的内部因素是________。

A. 生产成本　B. 定价目标　C. 需求情况　D. 货币流通情况

9. 某汽车公司，当他们推出一种新产品时，定价总是比同类产品的定价低，在销售的第一年他们可能获利很小，但他们很快就把产品打入了市场，第二、第三年便会大量销售产品而获利。他们采用的是________定价策略。

A. 撇脂　B. 渗透　C. 弹性　D. 理解价值

10. 某汽车制造商给全国各地的地区销售代理商一种额外折扣，以促使其执行销售、零配件供应、维修和信息提供“四位一体”的功能。这种折扣策略属于________。

A. 现金折扣　B. 数量折扣　C. 功能折扣　D. 促销折扣

11. 在产品导入营销策略中，采用高价格、低促销费用的方式，希望在上市阶段就获得利润，属于________策略。

A. 迅速撇取　B. 缓慢撇取　C. 迅速渗透　D. 缓慢渗透

12. 在产品导入营销策略中，采用低价格、高促销费用的方式，希望在上市阶段就设法拥有大的市场份额，属于________策略。

A. 迅速撇取　B. 缓慢撇取　C. 迅速渗透　D. 缓慢渗透

四、名词解释

1. 汽车成本导向定价法

2. 汽车需求导向定价法

3．撇脂定价策略

4．渗透定价策略

5．随行就市定价法

6．投标定价法

7．现金折扣

8．交易折扣

五、简答题

1. 折扣定价策略主要有哪几种类型？

2. 国内汽车厂商的降价措施有哪些？

3. 汽车新产品的定价策略有哪些？试比较它们的不同。

4. 汽车生命周期各阶段的定价策略是什么？

5. 国内汽车厂家的降价措施有哪些?

六、案例分析

1. 一款中级轿车的定价方案

WH公司是国内一家乘用车企业，就规模而言，只能勉强挤进二线阵营，但是借助外方技术伙伴的支持，产品在细分市场上具有一定的竞争力。为了丰富自己的产品体系，WH公司希望能够引进外方合作伙伴的一款中级轿车Aa。

Aa面临的情况是，十数个同类车型在这个国内最激烈的市场上竞逐，而WH公司又没有销售中级轿车的经验。因此，在上市之前，WH公司希望制定一个具有竞争力的价格。

以下是2006年5月至8月Aa车型的价格确定过程。

(一) 样本选择

1. 竞争车型选择。根据排量、尺寸、轴距、价格、品牌等因素，WH公司认为，目前市场上有9款车型可能会是Aa的竞争对手，分别为花冠、福克斯、标致307、凯越三厢、伊兰特、颐达、思域、福美来、赛拉图。

2. 客户选择。根据竞争对手的购买者特征及公司的经验，WH公司认为自己车型的用户应该具有如下基本特征：大专及以上学历，年龄在25~40岁之间，家庭月收入在8 000元以上。

3. 市场调研。根据以上两个基础，WH公司选择了北京、上海、广州、成都四个具有代表性的城市的600名车主（购车者）作为调查对象。其中400名是已经购买上述竞争车型的车主。200名为符合上述特征的潜在用户，其中100名会考虑购买一辆中级车作为第二辆车，还有100名则是考虑将现有车型换成中级车。

(二) 产品测试

1. 将Aa车型和竞争车型的三大属性——车型、品牌、配置水平拆分成各个细节指标，然后让测试者打分。

2. 对所有测试结果均以10分制打分。

3. 完成打分后，WH公司先后以价值定价法确定Aa车型具有竞争力的价格区间，以价格敏感度测试（PSM）了解消费者的价格敏感区间，可接受的价格上限值、下限值及最佳的定价点，以心理价差测试法测定如果企业想要达到一定的市场份额，价格应该定为多少及产品的组合构成。具体包括以下四步：

第一步，车辆整体测试。这一测评主要是测试车型的各个细节和竞争车型的对比，这些元素都将影响到消费者对其的喜爱、购买以及心理价位。WH公司将整车拆成车辆整体评价、外观第一印象、各部位具体外观评价、各功能部件设计评价4个层次的多个具体指标。然后在每个层次的每一个指标上，将Aa和竞争车型进行比较打分。

测试表明：

1. 消费者对测试车辆的外观及内部的综合评价表明，花冠、福克斯、思域与Aa得分最为接近，是其最主要的竞争车型，其次是标致307，而与凯越、伊兰特的竞争关系比较弱。

2. 该车在外观印象上得分远远超过比较车型，其中前排各个具体指标得分最多，但是在后排空间、储物箱等方面评价不高。

3. 在颜色上，消费者最喜欢Aa的颜色是塔夫绸白，其次是雪花银，再次是拉利红和中子蓝，而水纹银和夜鹰黑是消费者相对不喜欢的颜色。

第二步，品牌测试。主要测试品牌对消费者出价的影响。结果表明，在经过前面有关车型的体验和测试之后，假设所有参与对比的车型的排量和配置一样，仅仅凭借外观和内部整体印象，在未经提示WH公司品牌的情况下，测试者参照比较车型的价格，为Aa打出了14.47万元的平均价格。在经过明示WH公司品牌的情况下，测试者为这款车打出了14.67万元的售价。说明相对于竞争对手，WH公司的品牌没有溢价。

第三步，配置测试。这一测试主要是想了解配置对于消费者购买心理的影响，从而为厂家组合搭配款式提供参考。

1. 筛选出目前中级轿车常用的12个基本配置，包括8方向电动调节驾驶座椅、NAVI导航系统、自动空调、自发光仪表盘、6碟CD、真皮座椅等。

2. 按照以下4个维度测试这12个基本配置对消费者购买的影响：

A. 次要属性或无关属性（Indifferent）。不管有没有，不会对客户满意度造成很大影响。

B. 魅力属性（Attractive）。如果有，会大幅提升客户满意度；如果没有，并不会降低客户满意度。

C. 必备属性（Must－be）。如果有，不会提升客户满意度；如果没有，会大幅降低客户满意度。

D. 一维属性（One－dimensional）。如果有，会大幅提升客户满意度；如果没有，则会大幅降低客户满意。

测试结果如下：

1. 较高的A选项表明消费者对这些配置需求的必要性都比较低，厂家可以在标准配备外，推出这些车型的简装版，以降低价格，赢得消费者。

2. 部分配置的C选项表明消费者会参考竞争车型的配置，如果竞争车型也配备了这些配置，尽管消费者认为这些配置对于他的实际功效不大，但是也会对购买行为构成影响。

3. 测试还表明，倒车雷达、天窗、真皮座椅对于客户满意度的升降具有重大影响。

经过前三步的测试，就可以了解Aa车型最具有竞争力的产品组合。接下来进行价格测试。

第四步，价格测试

价格测试一：在第一步的外观和内部的整体测评中，已经推定花冠、福克斯和思域三款车型为Aa的主要竞争车型。因此，该公司首先采用价值定价法测定消费者对于这款车的价格接受度。

结果：不同类型用户对Aa可接受的价格范围是14.1万～15.8万元，其中花冠用户给予了这款车比较高的价格。这表明两款车型的竞争性最强。所以定价相对于这些竞争对手要有竞争力。

价格测试二：价格敏感度测试（PSM）的主要目标为了解消费者的价格敏感区间，可接受的价格上限值、下限值及最佳的定价点。PSM 测试则选定真皮座椅天窗版的该车型作为测试对象。

结果：根据 PSM 获得的价格点，受访者认为 Aa 可接受的价格范围在 13.5 万 ~15.5 万元，其中最佳价格为 14.8 万元，该价格点具有较强竞争力。

价格测试三：心理价差测试（CBC），了解消费者对产品不同配置之间价格差的心理预期，进而了解两个关系。(1) 如果同一款车，有若干排量、配置，还有自动挡和手动挡的区分，以怎样的搭配、价格组合进入市场会有怎样的结果？(2) 如果企业想要达到一定的市场份额，价格应该定为多少？一般企业会期望这个车型的销量能够接近自己目前全部产品市场份额相近的份额，以此作为定价的出发点之一。

例：与花冠 1.8AT 真皮座椅天窗车型相同市场份额条件下的价格点是 14.8 万元，与思域 2.0MT/AT 真皮座椅天窗车型、福克斯 2.0MT/AT 真皮座椅天窗车型相同市场份额条件下的价格点约 16.5 万元。

厂家还测试了各个消费者对前面所提到的 12 种配置的价格接受度，这些数据将为厂家对产品的配置进行搭配组合及价格调整提供依据。

例：天窗接受价格分析。被访者对 Aa 车增加天窗接受价格的分布状况如下：

◆ 消费者对天窗接受价格比较集中的价格点是 5 000 元。

◆ 消费者对天窗接受价格的平均值为 3 631 元。

◆ 消费者对天窗接受价格的中位数（即接受率为 50% 时的价格点）为 3 000 元。

以下为测试的最终结论：根据消费者调查，在考虑实车价格敏感度（PSM）测试结果以及 CBC 市场模拟相对市场份额分析结果的基础上，Aa 1.8AT 真皮座椅天窗版（测试 E 车）的合理价格区间是 14.6 万 ~15.3 万元。

在上述调查之后，WH 公司也参考了以下因素：

(1) Aa 的价格能够在 2 年内仍具有竞争力

(2) 新产品效应过后给产品预留降价的空间

(3) Aa 成本因素

(4) 目前市场上现有车型改进型新产品

(5) 企业也需要考虑：经销商的数量及其分布，经销商的能力、经验，经销商的利润。

在参考了上述一系列因素后，WH 公司将 Aa 1.8AT 真皮座椅天窗版（测试 E 车）的价格定为 14.8 万元。

问题：WH 公司 Aa 1.8AT 真皮座椅天窗版（测试 E 车）的定价依据是什么？

2. 2004年12月14日，东风汽车有限公司乘用车公司（简称东风日产）为了保障用户利益，在2005年“3.15消费者权益日”期间，如果消费者购买了任何一款东风日产的汽车之后，厂家有降价行为发生，东风乘用车将会全价补偿其实际购车价高于厂家公布的价格之间的差额。请对东风日产的做法进行分析。

§3—3　汽车分销渠道策略

一、填空题（将正确答案填写在横线上）

1. 汽车分销渠道的功能是__________、__________、__________、__________、__________、__________、__________等。

2. 汽车销售模式包括__________、__________、__________、__________、__________和__________。

3. 影响汽车分销渠道选择的因素有__________、__________、__________、__________、__________。

4. 市场因素是分销渠道设计时最重要的影响因素之一，主要包括__________、__________、__________、__________。

5. 产品从生产者向消费者转移过程中所经过的“旅行路线”，称之为__________，它的起点是__________，终点是__________。

6. 新产品进入市场最好的渠道结构应该是__________渠道。

二、判断题（对的打“√”，错的打“×”）

1. 产品的标准化程度越高，采用中间商的可能性越大。（　）

2. 一般而言，商品单价越小，分销渠道一般宽又长，以追求规模效益。反之，单价越高，渠道越短、越窄。（　）

3. 分销商介入渠道交易能够减少交易次数，因此，使用的分销商越多，渠道效率就越高。（　）

4. 产业用品的用户数量少、分布相对集中、单次交易批量较大，则营销渠道网络倾向于以间接分销为主的模式。（　　）

5. 销售渠道给客户带来的利益是以服务的形式来体现的。（　　）

6. 汽车企业的分销目标是以最少的成本提供目标水准的客户服务。（　　）

7. 选择二级网点没必要太复杂，谁能买车就选谁，其他都无所谓。（　　）

三、选择题

1. 分销渠道包括________。

A. 制造企业　B. 中间商　C. 代理商

D. 供应商　E. 消费者

2. 分销渠道的终端环节是________。

A. 批发环节　B. 零售环节　C. 消费环节　D. 运输环节

3. 短渠道的好处是________。

A. 产品上市速度快　B. 节省流通费用

C. 市场信息反馈快　D. 产品市场渗透能力强、覆盖面广

E. 有利于杜绝假冒伪劣

4. 产品的重量和体积越大，其分销渠道越________。

A. 长　B. 短　C. 宽　D. 窄

5. 企业不通过流通领域的中间环节，采用产销合一的经营方式，直接将商品卖给消费者的是________。

A. 直接渠道　B. 间接渠道　C. 宽渠道　D. 窄渠道

6. 一般来说，企业规模大、财力强、控制欲望又高时，往往选择________。

A. 短渠道　B. 一级渠道　C. 多级渠道　D. 宽渠道

7. 下列________是代理商。

A. 批发商　B. 销售代理商　C. 企业代理商　D. 经纪人

8. 有一家汽车公司在某地设置多家4S专营店，这种分销渠道系统属于________。

A. 扁平式宽渠道系统　B. 长渠道系统

C. 窄渠道系统　D. 多渠道系统

9. 汽车经销商布设网点时和二级经销商的合作方式一般有________。

A. 一般合同式合作　B. 渠道连锁经营

C. 虚拟一体化经营　D. 松散型俱乐部

10. 由经销商进行服务的客户包括________。

A. 企业内部员工　B. 制造商　C. 其他经销商

D. 二级网点　E. 消费者

11. 上海大众设置的4S品牌专营模式属于________。

A. 长渠道　B. 窄渠道　C. 宽渠道　D. 短渠道

12. 汽车渠道长度是指汽车从生产领域流转到消费领域过程中所经过的________的数量。

A. 渠道类型　B. 中间商类型　C. 中间商　D. 渠道层次

四、名词解释

1．汽车分销渠道

2．中间商

3．总经销商

4．独立批发商

5．汽车特许经销商

五、简答题

1．汽车分销渠道的类型有哪些？

2. 简述产品因素本身对分销渠道选择的影响。

3. 简述企业自身因素对产品分销渠道选择的影响。

4. 汽车分销渠道中的中间商包括哪些?

六、案例分析

2000年晚些时候，全美唱片零售商协会起诉索尼唱片公司，诉状称：索尼滥用其版权垄断优势，在唱片包装上印有该公司自己拥有的在线零售站点网址，诱导购买者转向网络购买，从而给经销商造成损失。“我们并不是要索尼唱片关闭它们的零售站点。”协会负责人说：“我们欢迎竞争，这个站点本身不是问题，但索尼利用特权把我们的客户拉到自己的在线商店，明显有悖公平竞争原则。”这场官司还没有明确的了结。

美国汽车经销商行会是个历史悠久、组织严密、又一贯咄咄逼人的庞大组织，他们很久以前就已经得到了包括通用在内的美国主要汽车制造商类似“永不直销”的承诺。2000年秋天，通用的在线零售才露尖尖角，就被其逮个正着且不依不饶。通用试图以一次性补偿的方式赎回自己的承诺，遭到断然拒绝。经过几轮谈判，2001年行会年会召开时，通用汽车终于再次承诺“不会甩掉经销商”，可算是画了个逗号，不知日后还有多少麻烦。

福特赶紧声明，它们与经销商是不可分割的市场伙伴。首战告捷，全美汽车经销商行会紧接着就发布了自己的在线零售平台，计划团结至少 90% 的成员共谋电子商务大计。看来，电子商务终归是不可拒绝的。作为反击，福特改版 ford. com，也要为零售商提供在线平台。拉锯战开始了。

类似索尼唱片和通用公司的遭遇，目前还只能算是个案，但一场生存空间大战的不祥气息已经扑面而来，都是电子商务惹的祸。

中国女人熟知的雅芳，被竞争对手在网上抢走了不少生意，也被迫“电子商务”了。雅芳把原来的经销商重新包装成“E 销售代表”，消费者在 avon. com 下单付款后，可以自己在家等“E 销售代表”送货上门。据雅芳的一个头面人物讲，他们的“E 销售代表”上网特别积极。但经销商却抱怨说，原来每笔买卖都有 50% 的毛利，现在做送货只能抽 20% 的代理费，如果消费者选择雅芳提供的邮寄，他们就更是什么都赚不到了。“生意都没得做了，网不网的还有啥意义。”一位做了 9 年雅芳的经销商说：“明眼人一看就知道，现在的竞争对手已经不是其他什么牌子的化妆品，就是雅芳自己。”

1．案例中索尼唱片公司、通用汽车以及雅芳公司所面对的问题是什么？为什么雅芳的经销商说“现在的竞争对手就是雅芳自己”？

2．请结合案例分析问题的起因是什么。面对这一问题，制造商应该采取什么对策？

§3—4　汽车营销促销策略

一、填空题（将正确答案填写在横线上）

1．汽车产品人员推销主要有两种形式：一是＿＿＿＿＿＿；二是＿＿＿＿＿＿。

2．人员推销不仅仅只是出售＿＿＿＿＿商品，还要配合企业的＿＿＿＿＿＿＿＿来适应、满足和引导客户需要。

3. 推销人员的任务可分为两类：__________、__________。

4. 推销人员应根据不同的__________和__________审时度势，巧妙而灵活地采用不同的方法和技巧，吸引用户，促其做出购买决定，达成交易。

5. 一名合格的推销员应具有丰富的__________和__________、__________、__________等方面的知识。

6. 广告媒体是__________向__________传递信息的载体。

7. __________、__________、__________、__________被称为四大最佳媒体，也是目前我国主要的广告载体。

8. 广告媒体繁多，其功能各有所长，要使公众接受广告者的观点，不仅要有优秀的__________，而且要选择合适的__________。

9. 产品本身的__________不同，其__________、__________、__________就会千差万别，这种差别决定着广告媒体的选择。

10. 企业在进行产品宣传、选择媒体时，要注意__________的广告策略，其广告策略往往具有很强的针对性。

11. 营业推广采用的主要方式有__________、__________、__________、__________等。

12. 营业推广具有__________、__________和__________的特点，一般来说需要其他促销手段配合。

13. 针对用户购车资金不足，除租赁租借销售方式外，__________和__________也是汽车促销的重要方式。

14. 信贷业务与__________相互独立。

15. 汽车营销者应注重培育__________和__________，即创造需求，不断地为企业开辟更广阔的市场。

16. 公共关系的主要任务是沟通和协调__________与__________的关系，以争取公众理解、支持、信任和合作，实现扩大销售。

17. 在市场经济体制下，企业的一切活动都是在围绕着__________运转，“客户就是上帝”从一个侧面反映了__________与__________之间的关系。

18. 售前沟通，即企业与__________的沟通。

19. 售中服务，即企业与__________的沟通。

20. 售后沟通，即企业与__________的沟通。

21. 电子商务主要指交易方式的__________，它是利用__________进行的各种商务活动的总和，我们可以将电子商务简单地理解为__________，电子商务强调的是__________。

22. 网络营销是电子商务的基础，电子商务是网络营销发展的高级阶段，但网络营销__________电子商务。

23. 网络营销和传统营销都是一种__________。

24. 网络营销和传统营销对消费者需求的满足，不仅停留在__________上，还包括__________。

二、名词解释

1．人员推销

2．MAN 法则

3．创造销售

4．狭义的广告

5．广义的广告

6．营业推广

7．服务促销

8．公共关系

9．危机公关

10．网络营销

11．电子商务

三、简答题

1．简述人员推销的步骤。

2. 事前准备中，推销人员必须掌握哪几方面的知识？

3. 人员推销包括哪些有效技术？

4. 广告媒体的种类繁多，根据其不同的物质属性可分为哪几类？

5. 企业在选择广告媒体时应当综合考虑什么条件？

6. 简述营业推广的特点。

7. 营业推广有哪些主要形式？

8. 营业推广能长期使用吗？为什么？

9. 简述危机公关5S原则。

10．公共关系的主要任务是什么？

11．公共关系包括哪些主要内容？

12．公共关系的基本策略包括哪几个层次？

13．简述网络营销与电子商务的联系。

14. 国内的汽车行业开展电子商务如火如荼，以形式的层面来分，可以分为哪几个方面？

15. 与国际主要汽车制造商相比，我国汽车企业的电子商务发展还处于初级阶段，请简述主要原因。

四、分析题

一个合格的推销员必须具有良好的个性、强烈责任感和使命感、良好的业务素质及较好的个人形象，即综合能力较高。请结合实例谈谈推销人员的气质、风度、谈吐对现代推销工作的影响。在这些方面，你还有哪些欠缺？如何改变？请写出自己的改变计划。

五、综合能力题

1．制作一份新上市汽车广告策划书。

奥迪 A9 将于 2016 年正式发布

日前，在网络上获得了一张奥迪 A9 的最新假想图，据之前消息，这款车预计于2016 年正式发布。

奥迪 A9 假想图

从最新的假想图来看，奥迪 A9 车前脸大嘴式的进气格栅呈现出立体效果，前大灯的造型依然犀利动感。此外，该车尾部采用轿跑风格设计。另悉，奥迪 A9 将会和全新一代 Q7 共享平台打造，新车还有望融入跨界车的设计元素。

动力方面，奥迪 A9 入门级车型或将搭载的是一台 3.0 T 机械增压发动机，其最大功率为 290 马力；而该车的顶配车型或将搭载的是一台 4.0 L 双涡轮增压发动机。

2．制作马自达汽车促销活动策划书。

3．请完成书本上［能力训练］，总结一个完整的车展策划书和公关策划书的内容及要点，并写出它们各自的特点。

4．制作奔驰 MINI 网络营销推广策划方案。

5．总结出汽车网络营销的内容、步骤和注意事项。

第四章　汽车营销流程

§4—1　销售前的准备

一、填空题（将正确答案填写在横线上）

1. 汽车销售顾问要掌握汽车的________、________、________、______、________五个方面。

2. ________主要针对的是潜在的购买者，要把这些潜在的购买者转化为现实购买者，就需要做好充分的准备工作。

3. 汽车销售中的5W1H法是指______、______、______、______、______和______。

二、简答题

1. 寻找潜在消费者的方法有哪些？

2. 简述汽车品牌的作用和地位。

3. 企业概况都包括哪些内容？

三、能力训练题

上网搜集任两款品牌汽车的性能参数（要求汽车价位相近），完成下列任务：

1. 自发组成小组（3 ~ 5 人），针对两车技术特征进行讨论，并进行两车在销售时的竞争力分析。

2. 针对其中一款汽车的技术特征，两人一组相互提问，反复训练，直到对该款汽车的各种指标都了然于胸。

§4—2 销售过程管理

一、单项选择题

1. 客户第一次走进展厅时，他的心情通常是________。
   A. 很舒适　B. 有些担心　C. 十分焦虑　D. 感到恐惧
2. 客户刚进展厅，应该选择让客户进入________的状态。
   A. 十分激动　B. 有点紧张
   C. 放松　D. 感到气氛严肃
3. 接待阶段到下一个阶段过渡应该是________。
   A. 不匆忙，自然进入下一个阶段
   B. 节奏快一些，尽量快点进入下一个阶段
   C. 抓紧时机，不顾一切尽快转移
   D. 不关心下一阶段，做好本阶段事情就可以
4. 可以通过________方式建立起接待客户的信心。
   A. 礼节建立起融洽的关系　B. 调整行为举止
   C. 处理客户的疑虑　D. 以上全是
5. 以下________做法会干扰到客户进入舒适的状态。
   A. 给予客户良好的第一印象　B. 积极地消除客户的戒备
   C. 向客户做概述　D. 询问客户经济情况
6. 以下________做法会令客户在心理上处于安全领域。
   A. 不断给客户介绍产品好处
   B. 给客户感觉不知道接下来会发生什么，和什么人交谈
   C. 给客户感觉事情都在他的掌握之中
   D. 随着接待工作的进行，客户安全领域将不会存在
7. 接待阶段对产品进行介绍时，应该采用的方式是________。
   A. 就客户的需要对产品进行重点介绍
   B. 对产品进行宽泛全面的介绍
   C. 把产品的缺陷完全告诉客户
   D. 把自己对产品的感受如实相告

8. 在客户提出反对意见或异议时，应该采取的态度是________。

A. 努力与客户进行辩解，针对问题，说明销售人员是没有责任的

B. 不应与客户强行辩解，而应该了解真实原因，适时承认不足后，列出与竞争产品相比较的优势，以展示产品的卖点

C. 强词夺理，挽回声誉

D. 大声重复自己坚持的、认为正确的观点

9. 当有困难或有急事时，对待客户最合适的方式是________。

A. 先去处理急事，让其他人来接待

B. 让客户先自己看车，自己马上去处理急事

C. 应向客户说明情况，争取得到客户的谅解，然后再去处理急事

D. 接待客户时，其他什么事情都不可以去做

10. 在电话铃响了________声之后接电话最为合适。

A. 2　　B. 3　　C. 4　　D. 5

11. 电话接待客户应该抱有的目的是________。

A. 试图卖掉一辆车

B. 努力促成见面，邀请客户亲身感受汽车

C. 完成自己的接待任务

D. 让客户能尽快做出购买决定

12. 当展厅没有展车时，以下应对话术最恰当的是________。

A. “您好，今天没车了，请您改天再过来吧。”

B. “真不巧，您要的那款车正好没有了，要不过一段时间再过来吧。”

C. “非常感谢您特地跑这一趟，但是不巧的是我们的展厅刚好没摆这款车，能否请您……”

D. 以上说法均不恰当

13. 客户进店后，茶水应该在________min 之后送到。

A. 3　　B. 4　　C. 5　　D. 6

14. 在客户来电，而无法当时回答问题的时候，应该采取________措施。

A. 转移话题，避而不答

B. 告知客户此问题无法回答，下次来电将会给出回答

C. 坦诚告知自己不清楚

D. 请客户稍等，向同事问清答案后再回答，或请同事代答

15. 超过三声接起电话时，最为妥当的做法是________。

A. 抓紧时间询问来电事由

B. 和正常接起电话一样对待

C. 要表示歉意：“对不起，让您久等了”

D. 以上做法都不对

二、多项选择题

1. 客户接待的目标包括________。

A. 与客户建立融洽的关系与初步的信任

B. 引导客户进入顾问式销售流程

C. 直接进行汽车推销

D. 以上都是

2. 接待客户时除了必要的礼貌外，还需要________。

A. 递名片　　B. 用一两句话介绍自己和公司

C. 展示销售资料和工具　　D. 引导客户

3. 以下________做法是正确的。

A. 销售人员在迎接后，如果客户需要产品介绍时，再进行下一流程的产品介绍和需求分析

B. 若客户不需要帮助，让客户轻松地自由活动，递送名片，并告诉客户："我是×××，您可以随意参观，如有问题，您可以随时找我，我就在那边"

C. 若客户愿意继续交谈，则继续使用顾问式销售的方法：①建立互相信任的关系；②发掘客户需求；③建议解决方案；④寻求承诺；⑤确定客户满足

D. 尽可能留下客户资料，但不可强求

4. 以下________技巧有助于带领客户进入安全领域。

A. 倒水　　B. 点烟　　C. 拍土　　D. 让座

5. 遇上问路、借厕所的客人，正确的应对方式是________。

A. 亲切热忱地指示客户道路或厕所的方向

B. 如果客户没有马上离去，请客户在客户休息区稍作休息，并送上茶水

C. 如果客户对新车有兴趣，则等候时机提供产品介绍

D. 不是买车的客户，所以不用关注

6. 电话交谈中，应注意________。

A. 在电话铃响三声内接听电话　　B. 应答语言应规范

C. 在对方挂机后方可挂机　　D. 电话内容一定要记录

7. 良好的沟通要通过以下________内容配合完成。

A. 肢体语言　　B. 语音语调　　C. 大声说话　　D. 说话内容

8. 以下________属于接待流程的行为准则。

A. 让客户充分表达需求，并询问是否有其他的问题

B. 回答问题要准确，切忌含糊

C. 为客户开门、面带微笑、目光注视客户、鞠躬30°并问候："欢迎光临"

D. 门卫敬礼致敬，引导停车

9. ________行为可以积极地消除客户的戒备心理。

A. 清楚地表达关心　　B. 重复关于客户的利益

C. 分散客户的注意　　D. 尽快引导其进入下一流程

10. 客户进入店面，应该提供给客户________电话号码。

A. 销售服务店的业务号码　　B. 销售服务店固定服务电话号码

C. 销售人员手机号码　　D. 售后人员电话号码

11. 若客户来电找人，应该做到________。

A. 请客户稍等并代为转接

B. 10 s 内再确认是否接听成功，若未成功接听则请对方留言，并填写接听电话留言表

C. 若在接听其他电话，则请客户稍后再拨或留言转告

D. 若被访者在附近，则用手遮住话筒，再请被访者来接听

12. 在客户来电，接听人员询问并判断客户需求时，可以使用的询问方式为________。

A. 您买车的用途是什么　　　B. 您买车之后实际驾驶者是谁

C. 平时会有几个人乘坐　　　D. 您的预算大概是多少

E. 喂，你要买什么车

13. 送客户离开的时候，要做到的________。

A. 送客户到车旁，为客户开、关车门，鞠躬并说："再见，请慢些开"

B. 为客户指挥交通

C. 车辆离去时要挥手，并且目送车辆远离后再回到展厅

D. 要送到门外，鞠躬并感谢来店，说："再见，请慢走"，挥手看到客户远离后再回展厅

14. 以下属于服务不足的表现是________。

A. 客户进入展厅无人理睬

B. 客户看到销售人员聚在一起聊天，但是没有人招呼自己

C. 没有给客人倒水

D. 与客户寒暄

15. 下列属于客户所期望的是________。

A. 销售人员主动向自己打招呼，询问来意

B. 销售人员尽快把车卖出去

C. 销售人员带领客户到休息区，递送资料和茶水，请客户稍作休息

D. 销售人员为客户安排讲解产品的销售顾问

三、不定项选择题

1. 客户需求分为显性需求和隐性需求，以下属于客户需求的是________。

A. 来店或者来电咨询购车

B. 需要车辆代步

C. 需要车辆满足基本要求（安全、舒适的期望）

D. 未知需求——超出期望

2. 以下属于需求分析的步骤的是________。

A. 观察　　B. 收集　　C. 分析　　D. 以上都不是

3. 需求分析中应该观察________。

A. 客户的外表、神态、年龄　　　B. 客户的言谈举止

C. 客户对随行人员的态度　　　D. 客户的兴趣所在

4. 引导客户正确表达需求，确认客户信息应使用的提问方式为________。

A. 封闭式提问　　B. 直接提问　　C. 开放式提问　　D. 以上都不对

5．以下________不属于开放式提问。

A．请问您购车的主要用途是什么

B．您喜欢深色的车还是浅色的车

C．您说您喜欢旅游，平时都会去些什么地方

D．您买车最关心的是车辆的哪些方面

6．下列________不属于“客户表达需求时”的行为标准。

A．销售人员在与客户交谈的过程中如遇另一位客户来电，应先告知正在谈话的客户，并立即告知来电者自己不方便接听电话

B．销售人员需留心倾听客户的讲话，了解客户真正的需求。在适当的时机做出正面的响应，并不时微笑、点头，不断鼓励客户发表意见，将内容填写至销售笔记本中

C．销售人员需保持热情的态度，使用封闭式的问题进行提问，主动引导，让客户畅所欲言

D．销售人员坐的时候身体微向前倾、坐姿端正，随时与客户保持眼神接触，切忌东张西望

7．当无法回答客户的问题时，应该避免________。

A．请其他同事或主管协助

B．转移话题

C．保持冷静，切忌提供给客户不确定的信息

D．不回答，告诉客户自己不知道

8．不了解客户需求就介绍产品可能会导致________。

A．降低客户的购买欲望

B．不能传达有效的产品信息

C．不能准确地对客户级别进行确认，影响后续的跟进情况

D．使客户产生推销商品的感觉，轻则客户对推销人员的专业性产生质疑，重则引起客户反感

9．需求分析要解决的问题是________。

A．怎么来做顾问式销售

B．怎么来做有针对性的产品介绍，使客户心动

C．怎样才能提供与客户期望一致或者超越客户期望的解决方案

D．怎样与客户建立相互信任的关系基础

10．询问客户的好处有________。

A．了解客户需求　　B．让客户感到舒适

C．避免误解　　D．得到客户信息

11．提问的基本原则包括________。

A．鼓励性　　B．明确性　　C．阶段性　　D．客观性

12．倾听并应记录下列________需求。

A．前轮　　B．后轮

C．价值、效益　　D．显性、隐性

13. 处理客户需求时，要________。

A. 建立互相信任的关系　　B. 质疑其否定销售人员的观点

C. 提供各式服务　　D. 站在客户立场

14. 需求分析中的要点包括________。

A. 客户表达需求时，要与客户保持安全距离

B. 销售人员如在与客户谈话过程中有另一客户来电，应先告知正在谈话的客户，并告知来电客户现在不方便接听电话，稍后回电话给客户

C. 销售人员在与客户面谈时，在适当的时机做出正面的回应，不时微笑、点头，鼓励客户发表自己的看法，并将客户的意见及需求记录在销售笔记本中

D. 销售人员应该了解客户的需求和期望，并用自己的话重复一遍客户所说的内容，以使客户相信销售人员已经理解他所说的话

15. 需求分析的要点正确的是________。

A. 应多用专业术语来介绍，使客户感受到销售人员的水平

B. 未确认客户需求时，不可滔滔不绝地做介绍

C. 客户坐在驾驶座时，是否需要打开车门，由客户决定。如果车门敞开，则销售人员以蹲姿或适当姿势做产品介绍

D. 多利用顾问式销售过程的阶段性技巧

16. 以下不属于绕车介绍程序内容的是________。

A. 确保每个销售人员都已培训合格

B. 介绍汽车的单层次营销战略

C. 根据客户需求，有针对性地介绍车辆的性能和优点，并提供促销宣传物品

D. 提供给客户的饮品要保证在三种以上，以供选择

17. 进行绕车介绍时，要求销售人员要________。

A. 询问客户是否要做绕车介绍

B. 充分鼓励客户参与，进行沟通

C. 针对客户关心的配备与特性做重点介绍

D. 谢谢客户的参与，询问是否需要进行试驾

18. 产品介绍技巧包括________。

A. 从客户喜好角度出发介绍产品

B. 产品介绍时要充满信心

C. 介绍产品时不要太积极

D. 找到客户的弱点，攻其软肋，让其束手就擒

19. 产品介绍的方法包括________。

A. FAB 产品介绍法　　B. 构图讲解法

C. SAB 销售法　　D. FOA 销售法

20. 下面________不是客户驾驶车要看的方面。

A. 经济性　　B. 动力性　　C. 操控性　　D. 时尚性

21. 绕车介绍学习演练时不应该________。

A. 熟记绕车介绍要点，并进行灵活运用

B. 忘记怎么介绍时，请同事帮忙

C. 请同事协助进行角色扮演，做模拟销售互动练习

D. 根据要点，配合评估表，销售顾问在了解客户需求的基础上进行针对性的介绍

22. 绕车介绍要遵循的要点是________。

A. 客户需求要牢记　　B. 产品介绍要对应

C. 客户引导要及时　　D. 设定标准卖车快

23. 绕车介绍到发动机舱时应介绍________。

A. 噪声、振动和粗糙感　　B. 车轮

C. 燃油经济性和排放性能　　D. 车身设计

24. FBSI 销售法里面的 I 是指________。

A. 配置　　B. 冲击　　C. 利益　　D. 感受

25. 下面________属于进入店面的客户的期望。

A. 有一位对产品十分了解的销售顾问，他能明白、准确地回答我的问题

B. 能够得到帮助以收集有关心仪车的可靠信息

C. 能够购买到一款价格最便宜的车

D. 希望能自由收集所需要的信息，而不必承诺今天就购车

26. 客户在进入价格谈判时一般会对报价产生异议，导致异议产生的根本原因有________。

A. 误解　　B. 客户的本能反应

C. 客户的条件反射　　D. 前期价值传递不够

27. 销售人员在与客户进行价格谈判时需坚持的原则有________。

A. 准确把握价格协商的时机

B. 充分的准备，与客户达成双赢

C. 找到价格争议的真正原因

D. 坚持己见，对客户的要求不予理会

28. 如果客户不是真正地要协商价格，则应先________，然后推荐合适的车型请客户决定。

A. 继续与其进行谈判　　B. 进行产品介绍

C. 进行需求分析　　D. 向客户解释说明

29. 电话报价时需坚持的原则有________。

A. 电话中不让价、不讨价还价

B. 不答应也不拒绝客户的要求

C. 对新客户，销售人员的目标是“见面”

D. 销售人员的目标是“约至展厅成交”或“上门成交”

30. 在与客户进行价格谈判时，以下属于谈判时应把握的策略是________。

A. 让客户首先开口“讨价”

B. 让价时的态度：有条件地阻止价格下滑

C. 让价幅度：百位数、越来越小的让价次数：<3

D. 坚决不予让价

31. 销售人员在与客户进行价格谈判时，下列________方式可以化解客户异议。

A. 赠送赠品、配件　　B. 保险招揽

C. 提供增值服务　　D. 避重就轻、避开异议

32. 销售人员在与客户进行谈判时，应做好________准备，以便做到知己知彼，百战不殆。

A. 对购买决策者的同行人员置之不理

B. 诋毁竞争对手，引起客户关注

C. 了解客户背景

D. 帮助客户建立客户舒适区

33. 客户如果没有承诺当场成交，则销售人员应坚持的“不要原则”有________。

A. 不要继续与其纠缠，放弃此类客户

B. 不要进行实质性的“价格协商”

C. 不要受客户的胁迫或诱惑

D. 不要怕因此而流失客户

34. 当客户首次来电咨询产品价格时，应坚持的原则包括________。

A. 坚持做到留下客户的有效联系方式

B. 坚持做到邀约客户来店面谈

C. 坚持做到不受客户诱惑，只报统一价和公开优惠

D. 坚持意向促进

35. 当客户对产品价格有异议时，销售人员应通过________来化解客户的疑虑。

A. 让客户明白产品的优势所在　　B. 站在客户的立场

C. 对客户的异议避而不答　　D. 增加产品的附加值

36. 在销售汽车或者说在购车过程中，最容易造成客户与销售人员的各自心情产生差异的便是在________的时候。

A. 需求分析　　B. 交车　　C. 报价　　D. 接待

37. 销售人员和客户情绪高涨的情况是不同的，销售人员情绪最高涨是在________时，尤其是签订合同，交完货款以后。而客户是在________时情绪达到最高点。

A. 接待　试乘试驾　　B. 签约　领到车

C. 需求分析　试乘试驾　　D. 绕车介绍　领到车

38. 销售人员将发票和结算清单交给客户，应与客户核对发票上的客户姓名、购车日期、车辆型号、发动机号码、车架号码、________、发票号码等。

A. 车辆价格　　B. 车辆颜色　　C. 赠品数量　　D. PDI 检查表

39. 收款时的管理标准和要求有________。

A. 是否提供了方便的付款方式

B. 收款时服务态度是否良好

C. 财务人员是否业务熟练

D. 是否及时地向客户提供正规的发票

40. 新车存放、检查的重点有________。

A. 引擎号码、车身号码、颜色核对，随车工具包、轮胎饰盖、钥匙圈、千斤顶、车主手册、备胎等物品是否齐备

B. 备胎是否是相同厂牌，运送过程中车辆是否仍完好，车辆护具是否齐备

C. 车辆必备文件是否齐全

D. 依规定停放车辆（车辆能获得妥当的照顾），必须特别处理的零件都能妥善处理（例如，上举），文件及钥匙都能放在固定处，点烟器、故障标识、音乐带、雨刷片妥善放置

41. 交车前的车辆动态检查包括________。

A. 该部车辆必须经由实际的操作，确认所有的功能正常

B. 应该经由路试来确认各项功能正常

C. 倾听风噪声是否异常，检查车辆偏行情况和操控性

D. 音响的使用情况、A/C 的作用（冷、暖气，玻璃除雾）和不正常的噪声

42. 交车前的车辆静态检查应注意________。

A. 内外观的刮伤，漆面刮伤、剥落、凹痕、锈点、饰条脱落；缺装品或松脱处、缝隙的大小和均匀度等；电线束的束紧和吊挂；车窗和车厢、引擎及行李箱等是否有污渍；有没有不必要的标签或会扎人的物品；汽油箱内至少有 5 L 汽油

B. 经过检查后的车辆，如果有任何问题，都应该在交车前修好

C. 新车交车前的 PDI 检查表每月由经办人员整理，按顺序归档，以备售后经理查验，PDI 检查表应该保留至少两年

D. 销售人员再确认并于 PDI 检查单上签名确认。核对合格证（含尾气证明）、保修手册（含首保单）、用户手册、上牌手续（验车证明、行驶证、养路费、购置费发票）、保险手续及发票

43. 以下________不属于交车流程。

A. 车辆文件清点　　B. 车辆点交

C. 车辆使用说明　　D. 车辆清洗

44. 车辆交接仪式重点有________。

A. 介绍总经理（销售经理、客户关系经理，任何一位可参与的领导）或服务经理（服务顾问）与客户认识

B. 参加人员：网点总经理、销售经理、服务经理、服务顾问、客户经理，甚至在场所有空闲的员工以欢呼的方式再次恭贺并感谢客户

C. 与客户新车合照，留下纪念

D. 送上精致的小礼品

45. 车辆清洁工作的重点有________。

A. 清洁车身及车内

B. 清洁后再检查车辆的内外观，比较容易发现缺失

C. 妥善安装客户选购的备件

D. 要避免洗车时刮伤漆面

46. 在交车时向客户说明费用情况时，单据点交项目包括________。

A. 发票　　B. 保险单据　　C. 牌照税　　D. 其他费用

47. 交车后应留存归档的主要文件有________。

A. 照片　　B. 交车确认表

C. 保有客户信息卡　　　　　　　　D. 试乘试驾申请书

48. 交车时和交车后，以下________做法会超出客户期望。

A. 必须满足客户的基本期望：车况好、热情、诚实

B. 制造惊喜：行动、礼品、信函、短信、特殊日期

C. 行动：上牌、提水、送别、提前开空调

D. 送花、油、经理感谢信、小孩礼品、生日礼品

49. 向客户介绍服务站维修人员时，应注意________。

A. 维修进厂、作业流程说明

B. 介绍服务顾问

C. 介绍服务部经理（若服务站与销售展厅不在一起，一定要将站长或服务部经理名片附在交车资料中）

D. 介绍服务顾问及服务部经理，要面对面介绍，而且服务经理和服务顾问要向客户赠送名片

50. 以下属于PDI交车检查流程的是________。

A. 动态检查　　B. 静态检查　　C. 洗车　　D. 加装配件

四、判断题

1. 销售顾问的着装应为标准的职业装。（　）

2. 销售顾问在绕车介绍时应避免戴戒指或做好相应的保护以免划伤车体。（　）

3. 销售人员的头发应保持干净、整洁，给人以清爽感，不宜留奇特少见的发型，上班时间不要浓妆艳抹，女士应以淡妆为主。（　）

4. 客户进入展厅时，销售顾问应主动用礼貌的方式向客户问候，以示欢迎，不必递上名片，可以在客户准备离店时递上名片。（　）

5. 在客户离开时送客户到电梯入口或门口处，并诚挚地对客户的光临表示感谢，之后便可离开。（　）

6. 电话内容一定要记录。（　）

7. 通过电话，目的是试图卖掉一辆车。（　）

8. 客户初步表露需求之后便可以开始介绍。（　）

9. 客户来电联系后，可以与客户在电话中谈价。（　）

10. 多人来店时，应该重点关注买车客户，其他人可以暂时请他们到休息区休息即可。（　）

11. 确认客户只是想一个人随意参观时，递上名片，请客户有需要时随时联系；客户随意参观时，对客户保持视线关注。（　）

12. 在销售流程中，应该做到不匆忙，自然进入到下一阶段。（　）

13. 若客户来访，指示客户自行到达被访者办公室即可。（　）

14. 重要内容或不明白的内容要请客户重复一遍。（　）

15. 问及产品和竞争对手情况时，要公正、熟练、清楚地解答客户的问题。（　）

16. 为了让客户对产品有信心，可以夸大产品的性能和服务承诺。（　）

17. 注意避免过早与客户讨论价格问题，在客户没有完全了解产品的价值前，价格商谈

只会让销售人员处于不利的境地。（　　）

18. 如果使用来电显示功能，在得知对方号码后要向客户说明。（　　）

19. 用“二选一”等方法帮助客户明确来店时间。（　　）

20. 客户离店前，向客户递上自己的名片，感谢来店，留下客户资料。（　　）

21. 通过客户的外表、神态、年龄可以判断客户感兴趣的车型。（　　）

22. 有时客户可能并不知道他们实际的需求是什么，要对他们的情况进行更多的了解，发现他们要实现的目标和他们的兴趣是什么，才可能发现“需求背后的需求”，也才可能发现增值销售和附加销售的机会。（　　）

23. 客户的观察不仅局限于客户本身，客户的同行人员等都可作为观察的对象。（　　）

24. 问问题的好处是掌握客户对产品或品牌的印象、熟识度，了解客户是否对产品或品牌的认知存在误区。（　　）

25. 自行车后轮法：询问客户的感受及消除客户紧张的情绪，以增进与客户的关系。（　　）

26. 不了解客户需求就介绍产品的结果会造成客户对产品不感兴趣。（　　）

27. 做需求分析要互动，切勿一味地介绍产品。（　　）

28. 既然是顾问式销售，那么应该是先营造一个和谐、轻松的环境之后再进行销售，在与客户的谈话（应该说是聊天）中去了解客户的需求，而不是一上来就开始推销。（　　）

29. 用开放式问法，以制造更大的沟通机会。（　　）

30. 顾问式销售是在展厅与客户沟通应对的技巧，即进入展厅的客户要尽量不让他们有压迫感，所有的言谈举止，如微笑、打招呼及接待应对都要热忱，而且要做好自我管理，使每一位客户感到满意，并对销售人员信赖。（　　）

31. 绕车介绍的目的是为了让客户感到放松和舒适。（　　）

32. 绕车介绍过程中，销售人员应该询问客户对重点配备与特性是否满意。（　　）

33. FAB 介绍方法的展开方式：因为……所以……对您而言……（　　）

34. 在进行绕车介绍学习时，没有必要将绕车介绍剧本与介绍动作背熟。（　　）

35. 绕车介绍时，眼睛应主要面向车介绍，因为展车才是销售人员介绍的主体。（　　）

36. 从客户最想知道的方位开始介绍，在介绍中不断询求客户的认同是绕车介绍实务的要点之一。（　　）

37. 若介绍当中发现客户已经认同产品时，也不可停止六方位介绍，等介绍完了再引导客户进入试乘试驾阶段。（　　）

38. 在绕车介绍话术中，针对不同的车型，应该制定不同的话术。（　　）

39. 绕车介绍时，不可以用当地的习惯用语对剧本进行本地化语言的改造。（　　）

40. 绕车介绍程序中，应介绍汽车的客户援助中心及售后服务内容（保养、保修）等。（　　）

41. 成交时机是非常重要的，如果成交的时机还没有成熟，依然要不停劝客户做决定。（　　）

42. 寻求成交的时机要依客户的个性、当时情况、商谈促成情况及销售人员的销售技巧等而定，要把握住时机，但如果第一次无法成功，就不应再做坚持，需耐心等待客户自己“反省”。（ ）

43. 销售人员在要求客户提供必需的材料时，应做到一次齐全到位；车款到位后，销售人员再为客户办理提车出库手续，以避免风险。（ ）

44. 销售人员在进行报价时要关心客户的需求，让客户感觉到“我要帮你买到最合适你的车”，而不是“我要你买这款车，我要赚你的钱”。（ ）

45. 如果客户已经确定了车型，但要比较几个经销商的价格时，要给客户留足空间，不做干涉。（ ）

46. 如果客户不是要真正地协商价格，则应先了解客户的购车需求，然后推荐合适的车型请客户决定。（ ）

47. 当客户对产品价格产生异议时，销售人员应坚持原则，不做任何多余的解释。（ ）

48. 当客户表示需要对不同产品进行价格对比时，销售人员应鼓励客户到其他品牌处进行了解。（ ）

49. 对于客户在价格谈判过程中所表现出来的无理取闹，销售人员应据理力争。（ ）

50. 销售人员和消费信贷员在销售过程中要客观站在客户的角度，帮助客户选择合适的付款方式。（ ）

51. 不能简单地交车了事，要进行令人满意的说明，重视客户的反应；通过标准的交车流程，确立各销售服务店交车时的标准作业程序与要领，以确保车辆与服务品质，可以让客户对服务体制及商品保证有高度的认同，进而提升客户满意度。（ ）

52. 汽车销售服务店所售出的车辆可以在客户车款未到时交货。（ ）

53. 销售人员要严格按规定交车，一切的操作要当它是自己的车子般看待。若无法准时交车时，要事先告诉客户，说明原因并取得客户的谅解，而且要另外约定交车时间。（ ）

54. 交车时引导客户至交车区，按照交车步骤流程交车给客户，要使用交车确认表逐项点交各项目给客户，而且要提供饮料或茶水。如果客户没有时间来完成交车的全过程，要进行例行的简略交车程序。（ ）

55. 在介绍服务顾问和服务部经理后，应拍照留念，给客户以足够的关怀，并在其回厂接受服务时赠送给客户。（ ）

56. 交车时的禁忌：要在交车程序上多花时间，超出客户的预期。（ ）

57. 确保客户知晓如何在经销店进行车辆的维修，将客户介绍给维修部门的人员，并确定首次维护保养预约时间。（ ）

58. 交车时一定要向客户详细说明车辆的性能以及各控制装置的操作方法。（ ）

59. 必须在所承诺的时间内交车才能使客户满意。（ ）

60. 交车是指在约定时间把符合订单内容的车辆呈交客户，为了让客户提出参考建议的系列活动。（ ）

五、简答题

六方位绕车介绍包括哪六方位？各方位的内容分别是什么？

六、案例分析

1. 在销售人员把顾问式销售流程报价成交之前所有的工作都做得比较到位时，但在协商成交时，客户说道："你们的车我很喜欢，但别人说你们车的小毛病较多"。此时，销售人员应该如何处理呢？

2. 在销售汽车或者在购车过程中，最容易造成客户与销售人员的各自心情产生差异的便是在交车的时候。此时的客户正热切盼望着交车时刻的到来，而销售人员在促成合同之前不断努力的热切心情在合同缔结、交换完成、货款支付完毕的瞬间总会不自觉地冷淡下来……这一现象既是现实，也是亟待解决的问题，在客人情绪高涨的时候（等待交车），销售人员应怎样努力发挥 CS 营销战略作用呢？

§4—3　销售后工作

一、填空题（将正确答案填写在横线上）

1. 预约包括经________和________两种，通常是以________的形式完成。

2. ________对于公司的稳健经营至关重要，这关系到客户是否愿意回来寻求以后的维修服务和购买零部件，以及是否可以通过客户开发新客户。

3. 汽车销售延伸服务包括________、________、________、________、________等。

4. 汽车保险主要包括________和________两大类。

5. 给汽车装饰一定要以________为原则，同时应该注意协调、实用、整洁和舒适等原则。

6. 汽车装饰是提高汽车的________、________、________的行为。

7. 汽车护理性美容指为保持车身漆面和内室件表面亮丽而进行的美容作业，通常有________、________、________、________等。

8. 汽车美容从服务内容上大体包括________、________、________、________。

9. 贷款方式一般分为________、________和________三种方式。

二、判断题（对的打“√”，错的打“×”）

1. 售后服务是一种广告，是为公司赢得信誉的关键环节。（　　）

2. 维修人员按要求完成委托书的维修报告等内容并签字，如有变更，可事后向客户通报（项目、价格、交车时间）。（　　）

3. 售后跟踪服务最重要的就是汽车销售后维修保养的跟踪服务。（　　）

4. 通常情况下，交强险合同的保险期间为三年，以保险单载明的起止时间为准。（　　）

5. “三责险”是按照《保险法》规定而成立的商业性质的保险类别之一，不具有强制性。（　　）

6. 浅色车的内部应尽可能地避免配以深色的座套及红色的地毯。（　　）

7. 车辆抵押贷款是以借款人所购车辆作抵押的，应以其价值的半额作抵押。（　　）

三、选择题

1. 交强险合同的保险期间为________，以保险单载明的起止时间为准。

A．半年　　B．一年　　C．两年

2. 商业责任保险包括________和________两大类。

A. 车辆损失险和第三者责任险

B. 交强险和车辆损失险

C. 第三者责任险和交强险

3. 交强险中规定，被保险人无责任时，无责任死亡伤残赔偿限额为________元。

A. 10 000　　B. 12 000　　C. 16 000

4. 根据目前各公司执行的机动车辆保险主险条款规定，对于________造成的车辆损失，一般不承担赔偿义务。

A. 核反应、核污染、核辐射　　B. 轮辋单独损坏

C. 减值损失　　D. 以上答案都正确

5. 汽车保险投保单为保险合同的要件之一，一般包括________内容。

A. 投保人、被保险人和驾驶员情况　　B. 保险汽车情况

C. 投保险种和期限、特别约定　　D. 以上答案都正确

6. 汽车保险投保单中一般规定的汽车情况包括________。

A. 号牌号码、厂牌型号、发动机号、车架号、VIN 码

B. 车辆种类、座位/吨位、车辆颜色、初次登记年月

C. 汽车的使用性质与行驶区域

D. 以上答案都正确

7. 汽车装饰的作用不包括提高汽车的________。

A. 舒适性　　B. 豪华性　　C. 美观性　　D. 安全性

8. 汽车装饰按照作用分类，扰流板属于________。

A. 娱乐类　　B. 防盗类　　C. 美观类　　D. 安全类

9. 世界上最早签发的机动车辆保险单是________年由英国保险公司签发的保费为 10 ~ 100 英镑的汽车第三者责任保险单。

A. 1895　　B. 1982　　C. 1901

10. 第三方保证方式，存入本行的首期款不得少于购车款的________，贷款最高额为购车款的________。

A. 50%　60%　　B. 50%　50%　　C. 30%　50%

11. 申请贷款购车时，个人应具备________条件。

A. 年满 18 周岁具有完全民事行为能力，在中国境内有固定住所的中国公民

B. 具有稳定的职业和经济收入，能保证按期偿还贷款本息

C. 在贷款银行开立储蓄存款账户，并存入不少于规定数额的购车首期款

D. 以上都对

12. 消费贷款期限可根据借款人购车的用途予以确定，营运车辆贷款期限最长不超过________年（含）。

A. 2　　B. 3　　C. 5

13. 目前汽车俱乐部经营管理模式大都采用________。

A. 会员制　　B. 积分制　　C. 股权制

四、简答题

1．个人汽车贷款的前期准备包括哪些内容？

2．汽车延伸服务包括哪些内容？

3．简述汽车保险的特点。